Fragments et bribes

Fragments et bribes

MIXTE
Papier issu de sources responsables
Paper from responsible sources
FSC® C105338

Fragments et bribes

Yves Lafont

Fragments et Bribes

Notes - Pensées - Poèmes

*

Fragments et bribes

© 2021, Yves LAFONT
Édition : BoD – Books on Demand,
12/14 rond-point des Champs-Élysées, 75008 Paris
Impression : BoD - Books on Demand, Norderstedt, Allemagne
ISBN: 9782322394999
Dépôt légal : Septembre 2021

Du même auteur :

L'os du Toufoulkanthrope

Le Secret du Chef

Récits d'Yves

A Guillaume, Juliette, Malya, Elicio

though
I

Notes diverses

Retour de fortune

Un gentilhomme altier, la fleur de la noblesse, allait en galopant sur les bords de la Loire, quand son cheval glissa au détour d'un chemin, si bien le seigneur s'étala lourdement dans la fange.

Un meunier qui passait, tout chargé de farine, vint à lui, main tendue pour le mettre debout ; mais l'autre répondit, les yeux pleins de courroux :

- Laisse-moi, donc, butor, prendre mon bain de boue

- Soit, répond le vilain, je vous laisse, Messire, entre les mains de Dieu, soigner vos rhumatismes !

Mais la fange en ce lieu était plutôt profonde. Et, malgré ses efforts, le seigneur s'enfonçait.

Lui naguère si fat, le voilà implorant :

- Au secours ! Au secours ! crie-t-il au paysan. Si tu me sors de là, je te donne ma bourse ; qui contient, de Louis, plus que tu ne pourras amasser en ta vie !

- Je vous aiderais bien, dit l'autre en son patois, à sortir de l'ornière, mais je ne le puis pas, car je ne veux laisser sur le bord du chemin le fardeau si pesant que j'ai là sur l'épaule, et ne peux avec lui me risquer dans la boue...

- Et pourquoi donc, maraud, dit le noble, fâché. Pour un sac de froment tu fais bien trop d'histoire !

- C'est que, dit le vilain, il est plein de lingots.

Dieu soit loué (Mais pas trop cher !)

Au commencement était l'huile.
Puis Dieu créa la pomme de terre.
Il la coupa et la jeta dans l'huile en disant :
Que la frite soit, et la frite fut !
Puis il réfléchit et dit :
« C'est un peu farineux. »
Alors il créa la mer et les océans.
Il en sortit la moule.
Et la moule fut.
Puis, comme il avait soif,
Il créa la bière.
Et aussitôt la bière, en fût, fut.
Et Dieu goûta et dit :
Je n'ai pas perdu mon temps ! »
Et la suite prouva qu'il avait raison.
Alors il prit une moule
Et créa la femme
Pour servir les frites.

*

Ce jour-là, Dieu, toujours lui ! se gratta le nez et aperçut au bout de son index une petite boulette de mucosité gluante dont il voulut se débarrasser en s'essuyant la main contre sa longue barbe blanche. Mais la rétive boulette demeura collée sur l'ongle céleste avec une telle irrévérente obstination que, se départissant de son éternel

flegme, le créateur la catapulta d'une chiquenaude à travers l'espace intersidéral à une vitesse vertigineuse.
Ainsi naquit la terre, et, s'étant détachée de la masse visqueuse, une parcelle de morve divine forma la lune.

*

Le huitième jour, Le Seigneur, qui avait un petit creux, fit venir le bœuf, et tira de son flanc l'entrecôte.

*

Un autre jour, le Seigneur, qui s'ennuyait, appela Adam et lui dit :
- Je viens de créer la brosse, Adam !
Et le Seigneur se mit à rire, à rire !
Et Adam ne comprit pas pourquoi le Seigneur riait, riait...

*

Peu après le 7° jour, Dieu commença à trouver le temps long. Il aurait bien aimé avoir un compagnon, mais Il savait très bien qu'Il était UNIQUE, et unique Il devait rester ! Une compagne ? N'en parlons même pas !
Alors Il eut une idée et créa le chien (qui précisons-le n'existait pas encore). Et aussitôt le chien fut, tout virevoltant, remuant la queue, allongeant les pattes de devant et regardant le Seigneur par en-dessous avec des yeux espiègles, pleins d'affection. "Que voilà une agréable et aimante créature, se disait Dieu, pas comme les autres, les Hommes, orgueilleux, toujours à comploter !"
Il ne voulait pas s'avouer qu'Il les avait ratés. Il était censé ne jamais se tromper ! Il devait avoir un bon coup dans le

nez quand Il les avait faits ! Eve, par exemple, toujours à se plaindre ! Qu'est ce qu'elle pouvait se plaindre, celle-là !
- Et pourquoi c'est moi qui suis sortie de la côte d'Adam, et pas le contraire?
- Et pourquoi je saigne entre les jambes, et pas lui ?
Ça n'arrêtait jamais!
Alors Dieu prenait sa grosse voix:
- Ne sois pas injuste envers Moi, Eve ! Je t'ai donné, à toi, et à toi seule, le pouvoir d'enfanter ! Te rends-tu compte ? Tu seras la mère de tous les Hommes !
Alors Eve Le regardait de travers avec des yeux tout rétrécis, crispait les mâchoires, et tournait les talons.
Le Chien, lui, L'aimait. Il gambadait sans Le quitter des yeux. Et même, si parfois le Seigneur se montrait distant ou injuste envers lui, il se grattait l'oreille, en faisant celui qui n'a rien remarqué. Le Seigneur découvrit même que, lorsqu'une autre créature L'approchait, le chien montrait les crocs et se mettait à aboyer. C'était bien utile parfois, avec Eve par exemple.
Cependant, à quelques signes révélateurs, comme creuser des trous partout, gober des mouches ou se lécher interminablement la patte, le Créateur remarqua que le chien, lui aussi s'ennuyait.
Il jeta les yeux autour de Lui et vit le Soleil qui se pavanait dans le ciel, dominateur, arrogant, jouant à saute mouton avec les nuages.
Alors l'Eternel, un peu agacé, le saisit et le projeta très loin dans l'espace.
Aussitôt, le Chien, dont on eût dit qu'il n'attendait que ça, partit à toute vitesse à la poursuite de l'astre solaire.
Et quand enfin il l'eut saisie dans sa grande bouche humide (*Et ce fut la nuit* !)
Il se dépêcha de la ramener à son Maître pour le déposer devant Lui

(*Et ce fut le jour* !)
Ainsi, Dieu et le Chien, échappant à l'ennui, jouèrent encore et encore à ce jeu passionnant.
Et depuis, sur la Terre, se succèdent les jours et les nuits !

*

Ce jour-là, Dieu fit l'Europe et le doux pays de France, et, comme il restait un peu de terre collée à ses phalanges, il les lava dans l'Océan. De là naquirent la Grande Bretagne et l'Irlande.

*

Dieu était inquiet. Adam passait le plus clair de son temps avec la petite chèvre, et délaissait Eve, sa compagne.
Cette dernière passait et repassait devant la maison du Seigneur, toute raide et renfrognée, avec un air de reproche.
Le jeune Adam, de son côté, saisissait tous les prétextes pour conduire la chèvre au champ, puis il rentrait en sifflotant, ce qui agaçait énormément le Seigneur.
- Ce Garçon est en train de mal tourner, se disait Dieu, avec colère ! Il s'amuse avec la petite chèvre, et, pendant ce temps, le genre humain reste sans descendance !
Il convoqua Adam et lui dit :
- Dis-moi la vérité, mon garçon, est-ce que, par, hasard, tu ne ferais pas QUELQUE CHOSE avec la petite chèvre ?
Adam baissa la tête, et rougit.
- Oui, Seigneur, je fais QUELQUE CHOSE avec la petite chèvre !

Dieu était consterné, il tirait nerveusement sur sa barbe blanche.
Il faisait QUELQUE CHOSE !
Puis-je savoir quelle CHOSE tu fais, mon garçon ?
Adam tremblait de tous ses membres. Il tira de sa besace une feuille de vigne dans laquelle était enveloppée une galette épaisse et odoriférante.
Le créateur, un peu surpris, prit la galette et la sentit :
- Hum ! Hum ! Mais ça a l'air bon ! dit-il, de sa grosse voix.

C'était le tout premier fromage !
Qu'on appela:
Le CAPRICE d'ADAM !

*

Tel est épris qui croyait éprendre

Le marquis de C***, à la Comtesse de M***

Il n'est point, chère Comtesse, d'amant plus malheureux que moi. Et je veux que vous sachiez que vous fûtes, l'autre soir, victime de la plus funeste illusion.
En effet, vous n'ignorez point qu'on déplore, au château, à cause des charmilles et des étangs voisins, la survenue d'insectes fort désagréables. Et ce n'est que parce qu'en honnête homme je voulus extraire de dessous la paupière de Mme de S... l'une de ces petites bêtes si incommodantes, que vous me trouvâtes dans une position que l'amour que j'ai pour vous n'eût pas dû rendre équivoque. Mais hélas, votre fier tempérament qui n'est pas le moindre agrément de votre charmante personne, vous fit quitter les lieux avant que par de justes explications je pusse vous convaincre de ma plus complète innocence. Et c'est ainsi que vous partîtes, Madame, victime d'une extravagante méprise.
Je vous supplie de croire, chère Comtesse, à l'absolue sincérité de celui qui reste :
Votre plus fidèle et aimant serviteur :

Le Marquis de C*

Tel est épris qui croyait éprendre (suite)

La Comtesse de M***, au Marquis de C***

Je viens, mon cher Marquis, de recevoir votre dernier billet et veux, sur les assurances que vous me faites, pardonner votre attitude cavalière. Je n'aurai d'autre condition pour vous revoir que vous n'ayez chassé de votre maison cette intrigante Mme de S*** Et pour que vous sachiez mieux le contentement où je me trouve, je veux vous faire rire :
Il y a, à côté des offices de mon hôtel, certains écoulements qui attirent parfois de dégoûtants rongeurs que pourchassent mes domestiques. Eh bien figurez-vous que l'une de ces infâmes créatures prenait ses aises dans mon petit salon ! En la voyant, je crois m'évanouir, je crie, je hurle, j'ameute la maison. Personne ! L'horrible bête me poursuit, s'accroche au bas de mon jupon, et, mue d'une incroyable vivacité, disparaît sous ma robe !
Je serais assurément morte de terreur si ce bon Mr de H***, qui est je crois de vos amis, passant à l'improviste, ne m'eût prestement délivré de l'épouvantable animal.
Celle qui reste, Monsieur le Marquis votre
Plus tendre et dévouée servante.

La Comtesse de M***

Une fable de Lafont Yves

Le Poulpe et les Sardines

Un poulpe querelleur
Et plutôt taciturne
Vivait en un vieux roc,
Caverneux et moussu,
Quand, de lui, tout à coup,
Une sardine approche.
- Eh ! Lui dit-il, misérable pécore,
Qui vient butiner mon plancton,
Ote-toi du rayon dont le soleil m'honore !
A ces mots la sardine, piquée,
S'obstine à butiner,
Et casse même crânement la graine,
Car elle était, au fond, plutôt républicaine.
Le poulpe, furibond, en un geste la happe,
Et la croque sans plus de façons.
Mais bientôt les sardines ont rameuté le banc.
On se compte et re-compte :
Il manque un élément.

-Les sardines, on le sait, sont assez solidaires.
Aussitôt la tribu, sus au poulpe,
S'en va en guerre !
Ce dernier, dans son trou,
Voit approcher la bande,
Et, déjà, se pourlèche
D'une mine gourmande.
Et hop ! de tous ses bras
Il fait ses provisions,
Ravi d'une telle bombance.
Cependant, cet effort le fatigue et le lasse,
Et sa panse est bientôt
Plus lourde que pinasse !
- Sacrebleu ! rugit-il,
En voilà des façons !
J'ai, pour ce jour,
Assez répété ma leçon !

- Le monstre est fatigué !
Passons vite à l'attaque !
Hurle-t-on, dans les rangs
Des sardines voraces.
Bientôt, de mille coups,
Le monstre, accablé,
Voit sur son pauvre corps

Fragments et bribes

Les sardines attablées !
Il a beau agiter partout ses tentacules,

Rien n'y fait, car c'est un fait :
Qui tant accule
Mal étreint !

*

D'une rive à l'autre

Avez-vous remarqué que les Bretons ont vraiment la côte à la télé en ce moment : modernes, branchés, courageux et tout.
- Yannick le Varech, vous venez de traverser l'Atlantique dans un multicoke sous marin à pédales, un peu fatigué sans doute...
- Absolument pas, je me sens parfaitement bien malgré de petites difficultés dans l'ascension de la grande dorsale médio-océanique, à cause d'un calmar géant qui s'était accroché à ma quille... Mais dans l'ensemble aucun problème.
- De nouveaux projets ?
- Oui, une petite semaine avec des copines à Saint Malo, puis la route du Saké dans un radeau en paille de riz tiré par des dauphins.
- Merci Yannick, Ici Brest, à vous Paris...

*

Et un tout autre son de cloche du côté de Marseille :
- Frédéric Mouligasse, combien vous faut t-il de bonbonnes de pastis pour pêcher la sardine ?
- Heing ?
- Frédéric, combien de PASTIS pour les SARDINES ?
- Boh, ça dépend du vent ; quand il souffle pas, on peut pas pêcher, et quand il se lève, peuchère, le Mistral, on peut pas pêcher non plus... Alors le pastaga, on le boit à côté, chez Marinette, et les sardines, pardi, on les achète à l'épicerie...
- Des projets peut-être ?

- Heing ?
- Des choses à faire, PLUS TARD ?
-Té, je ferais bien une petite sieste avant ma partie de pétanque…
Ici Marseille et ses bien sympathiques habitants, à vous Paris!
Alors ? Vous voyez ? Deux poids, deux mesures !

*

Une autre fable de Lafont Yves

Trois souris
Un peu sottes
Disputaient
Pour savoir
Qui d'entre elles
Serait la plus fiérote.
Voyons donc,
Dit la première,
Qui pourra attacher
Au cou du chat,
Une cuillère !
Cette épreuve est,
Dit la seconde,
Un peu fade à mon goût,
Attachons lui plutôt,
Ce serait bien plus drôle,
A la queue,
Une casserole !
Cela s'est fait, déjà !
Dit la tierce souris.
Inventons derechef,
Quelque exploit éclatant,
Qui, à tous les rongeurs,
Montre notre talent,
Et rende, à jamais,
Ce matou ridicule !
Attachons lui,
Une clochette
Aux test….. !

Son vers n'est pas
même achevé
Qu'attiré par tout ce tintamarre,
Le matou, affamé,
Entre sans crier gare.
Sitôt de l'insolente
Il a fait son entrée,
Et des autres commères,
De la chair à pâté !

Disputez, braves gens,
Du matin jusqu'au soir !
Du bruit de vos discours,
Se nourrit le pouvoir !

*

Tronche napolitaine

L'un des plus pittoresques personnages qu'il m'ait été donné de voir, lors de mon séjour en Italie, en 19**, fut sans aucun doute un pizzaïolo napolitain du nom de Vincenzo di Gennaro, que me présenta mon ami Pietro Castelloni.
Ce pizzaïolo officiait dans un établissement de la via Giudeccia Vecchia, à Rome, derrière le Palais de Justice. C'était un homme de haute stature, épais, les bras courts et le poil noir, tout enfariné dans un tablier blanc.
Il officiait derrière un haut comptoir de bois, face au public, tel un artiste. Devant lui, emmaillotées de linges humides, des boulettes de pâte.
Le spectacle commençait avec l'arrivée des clients. Quelques gestes d'échauffement, puis prestement, Vincenzo aplatissait la première boulette d'un brusque coup de paume, et, la hissant sur ses deux point fermés, lui imprimait un mouvement de rotation de plus en plus rapide. C'est alors, quand elle avait acquis le profil souhaité, qu'il la propulsait, d'un geste savamment calculé, à quelques millimètres seulement du plafond, sous les yeux médusés des clients, qui retenaient leur souffle.
Mieux encore, il pouvait contrôler plusieurs boulettes en même temps, les faisant graviter ainsi que des astres autour de la pièce, puis, les ayant projetées les unes après les autres vers le plafond, frapper dans ses mains, tout en chantant un air napolitain, et les rattraper, dans son dos, avec une dextérité prodigieuse.

On prétendait même que, dans ses meilleurs jours, il pouvait faire sortir les futures pizzas par la porte, et revenir par la fenêtre, de sorte que, voltigeant sous le nez des passants, elles les incitassent, par leur arôme, à venir s'installer dans la salle…
C'est à peine croyable ! Ce pizzaiolo est un vrai virtuose ! Un génie ! dis-je à mon ami, il a dû faire de très longues études !
Oh non, me répondit Pietro, il a été champion olympique de disque !

*

Souvenirs de Baccalauréat... (1968)

Les jeunes membres de la communauté sont là. L'angoisse initiatique donne à leurs visages une dureté inhabituelle qu'accusent encore les lueurs blêmes du ciel matinal. Les couloirs de la Grande Maison, naguère bruissant comme des ruches, alignent des perspectives anguleuses et leurs sinistres cortèges de porte-manteaux fichés dans la mâchoire d'une immense fleur carnivore.
Crissement de crêpe sur le linoléum, virage à droite, puis à gauche, sensation de vide en longeant le Sanctuaire du Squelette invitant les invités au bal macabre ; pensée soudain émue et métaphysique : ça y est ! La porte du Sanctuaire se dresse avec une verticalité de guillotine. On franchit le seuil, alourdi de remords, chargé de doutes, et les pensées qui s'entrechoquent. Tout au fond, la sombre silhouette d'un Grand-Maître apparaît, tranchante et assurée, avec au coin des lèvres cet insupportable petit rictus, seule marque apparente de la délectation qu'il prend, ce pervers, au plaisir de la vengeance !

Course d'obstacles

Le N°70 745 vainqueur de l'étape.

- Une belle victoire, 70745, qui s'est jouée dans la dernière partie de la course

- En effet, j'ai attendu pour attaquer. Le parcours était très difficile. J'ai suivi le train jusqu'à la dernière ascension, et là, j'ai démarré

.- Vous vous sentiez très fort ?

- Je me suis longtemps préparé. J'ai beaucoup travaillé durant la saison creuse.

- Le début de la course était mouvementé.

- C'est exact, au départ, les concurrents étaient nombreux, difficiles à doubler. Puis il y a eu de nombreuses chutes car le terrain était glissant.

- Qu'avez-vous pensé lorsque le 21632 et le 68423 ont lancé leur attaque ?

- Je suis resté très calme ; l'échappée était partie trop top. Je savais qu'il restait encore de nombreuses difficultés avant la ligne d'arrivée.

- Vous avez effectué une course tactique ?

- Oui, je me suis dit qu'il fallait rester concentré jusqu'au bout.

- Cette victoire vous l'attendiez depuis longtemps ?

- Bien sûr ; je suis très heureux d'avoir pu saisir cette occasion unique.

- Une dernière question, N° 70745, pensez-vous que ce sera une fille ou un garçon ?

- Il est beaucoup trop tôt pour le dire. Dans neuf mois nous en saurons bien plus.

- Encore merci, et félicitations, 70745. Indiscutablement, vous avez été le spermatozoïde de l'étape! A vous les studios, à vous l'extérieur !

*

La tentation de Saint-Syméon

(Document apocryphe trouvé à Alep)

*I*l y avoit au désert de Syrie, un ermite de grande renosmmée qui faisoit grand miracle et que d'aucuns appeloient stylite pour ce que toujours restoit au sommest d'une grande colonne, et dans sa main tenoit un fort baston noueux en remembrance du baston de Judée. Un grand et merveilleux concours de peuple accouroit en la place afin d'estre besni du saint homme et couchoit es désert dans des tentes.

*U*n beau jour, que le soleil ardoit cruellement et que tous dans les tentes gisoient dolents, issut es désert la fille du gouverneur de la cité d'Emèse, qui moult estoit belle et parfaite, et avoit un désir pressant. Ci-fait elle alla pour son soulagement derrière un fort rocher.

*C*e, du haust de son fust la belle pucelle fut vue du saint homme, qui Dieu prioit en sa béastitude,. D'abord il ne veut mie regarder la belle et prie davantasge. Mais bientost le démon le tourmente et provoque en son corps grand émoi, tant les formes qu'il voyoit estoient parfaistes et rondes. Il implore Nostre Seigneur : « Doulx Sire, vous m'avez donné grand supplice que fièrement ai supporté pour vostre gloire, mais oncque ne fut de désir plus violemment ardé qu'à cette heure. Pour ce me mets en vostre protection. »

*O*r à ce moment, la pucelle avoit terminé sa besogne, et sus la tente s'en revinst quand du saint homme se souvint ; en haut du fust elle regarde et jette un cri en voyant l'estonnant miracle :
Oyez, oyez braves gens :
L'ermite en haut de sa colonne, deux bastons de Judée avoit !

Saine agitation
Prendre une vie bien remplie.
Agiter fortement.
Observer le dépôt.
Il y a, près du fond, des éléments hétéroclites, difficiles à identifier, comme de minuscules pépites entourées de scories, en lesquelles, bientôt, l'on reconnaîtra quelques bons mots, de belles images, de riches rencontres, sans oublier de précieux silences (dont on dit justement qu'ils sont d'or), et aussi, tapi dans un coin, usant de cette forme de dissimulation peureuse propre aux êtres mimétiques, un gros et gras secret qui fait la richesse de cette vie.

* * *

Curriculum Yvitae

Je m'appelle **Yves**, un nom simple, court, pratique et économique (moins d'une cartouche aux cent signatures) dont l'unique et improbable diminutif, "**y**", participe davantage du hennissement que du langage articulé. Ce nom d'origine bretonne à l'étymologie incertaine pourrait selon les uns signifier : "vif", et selon d'autres : "celui qui cueille le gui en haut du chêne avec des ciseaux d'or" : querelle d'experts en Brittonique (les filles de Camaret) dans laquelle je me garderais de mettre mon grain de celte. Quoi qu'il en soit, à ceux qui trouveraient le monosyllabisme difficile à porter, j'objecterai, nonobstant l'impression fugitive de se croire appelé chaque fois que tombent les petites cuillères, que ce prénom ne manque pas de consistance. D'ailleurs dans leur grande prudence les Bretons nomment ainsi le patron des hommes de loi, - d'où l'expression "droit comme un **Yves**"-, et les Anglais, plus au nord, le moins viril mais phonétiquement identique **Eve**, femme d'**Adam**. **Adam** et **Yves** ? la face du monde en eût été changée ! Difficile à réduire, **Yves** supporte allègrement bien des augmentatifs sous les formes d'**Yvon**, **Yvan**, **Yvette**, **Yvonne**, ou bien le presque interminable **Ivanovich** ! L'ibérique **Ibanez** s'enorgueillit aussi d'un lointain cousinage à la mode de Galice, tandis que l'hébraïque **Levy** n'en serait que l'anagramme talmudique... Ingrédient apprécié de plus d'un calembour, Il se met à la sauce au Zan d'**Yves**, à base de réglisse, et constitue le thème récurrent de bien des récits d'**Yves**. Il compte aussi dans sa lignée des **Montand**, marque d'ascension, et des **Egée**, venus de la mer, dont le plus digne représentant, **Yves Egée**, fut l'inventeur de la contraception.

Et je m'appelle aussi **Félix**, ce qui veut dire heureux...

Le jour d'après

(Petit exercice proposé par mon éditeur, BOD, pour accompagner le déconfinement du 11 mai 2020[1])

Je m'étais préparé, lavé, parfumé, récuré, désinfecté et, bien sûr, frotté interminablement les mains, avec un mélange de gel hydroalcoolique et de savon de Marseille.

J'avais éternué dans mon coude, puis jeté mon t-shirt dans le tambour de la machine avec un peu d'eau de javel.

J'avais fait un petit tas **d'attestations de déplacement dérogatoires** que j'avais brûlé dans la cheminée en chantant le chant des partisans !

J'avais pris trois comprimés d'hydroxychloroquine avec un verre d'eau minérale ; au cas où…

Puis j'étais descendu dans la rue, ganté et masqué, en évitant de croiser de trop près les passants, qui, ce jour-là déambulaient nonchalamment, sans cet air terrifié de conspirateurs qu'ils avaient d'habitude.

Je brûlai de la voir ! 10 semaines de confinement, de privation, d'abstinence ! Je me remémorais le bout de ses doigts me caressant la nuque, puis la joue. J'entendais le bruit de ses pas sur le parquet ciré. Je revoyais son chemisier ouvert sur la poitrine, je sentais son souffle sur ma joue…

Je hâtai le pas, peu attentif aux groupes de piétons qui discutaient sur la chaussée, en riant de bon cœur.

Je courais, bousculant presque un gardien de la paix débonnaire.

---

[1] Confinement qui, sous des formes diverses, se poursuit à la parution de cet ouvrage !

Au 18, j'escaladai le petit escalier et entrai en trombe dans l'immeuble.
Elle était là, et m'attendait, les yeux pétillants sous son masque, la blouse boutonnée sur son corps magnifique ; aussi belle que je l'avais laissée !
- Assieds-toi, me dit-elle, en me passant une serviette au cou, et pour aujourd'hui, ce sera ?
 - Assez court et dégagé sur les oreilles, lui répondis-je ; fais-moi la **coupe du jour d'après** !

*

II

Quelques pensées plus ou moins profondes, sentences, maximes, aphorismes…

psycho

L'amour serait un sentiment assez banal, s'il n'entraînait toutes sortes d'effets secondaires.

L'amour est un voleur à qui l'on ouvre grand la porte.

Le pessimisme conduit à se réjouir de ses propres erreurs.

La solitude est un état d'absolue liberté, où tout manque !

Le plus terrible dans la solitude, c'est qu'on ne peut donner ce qui est bon en soi.

La bêtise est une arme d'autant plus redoutable qu'elle n'inspire pas le sérieux.

Les cons nuisent en toute innocence.

L'ignorance ce n'est pas méconnaître les choses, mais croire qu'on les connaît.

Je ne sais rien, donc je sais tout.

La feinte modestie est la forme la plus perverse de l'orgueil.

Chacun est le roi du monde.

On parle tellement mieux de ce que l'on ignore.

Ce qui fait que nous avons si peur des autres, c'est que nous nous croyons nous-mêmes capables de tout.

Le propre du ridicule est que ceux qui en sont affectés ne s'en rendent pas compte.

Nous passons une partie de notre vie à essayer d'adopter un comportement exactement inverse de celui auquel notre nature nous incline, et nous cherchons à montrer dans les moments d'émotion les plus intenses le visage le plus serein. Décents dans la concupiscence, courageux dans le danger qui nous effraie, intéressés dans l'ennui. Il n'est guère qu'aux personnes qui ont de l'estime pour nous que nous offrons le spectacle de nos bassesses.

Bien souvent les hommes séduisent les femmes parce qu'il y a dans l'intempérance du désir masculin un quelque chose de si intensément pathétique qu'il touche ce qu'il y a de plus profond au cœur des femmes : le besoin de consolation.

Une des formes de l'orgueil consiste à se sentir fier d'accomplir des actions que l'on trouverait médiocres si elles étaient le fait d'autrui.

Nous agissons avec les louanges comme les écureuils avec les noisettes qu'ils accumulent dans leurs bajoues pour en profiter plus longtemps.

Je m'étonne toujours que des gens m'aiment sans y être obligés.

L'être humain est naturellement porté à l'excès, y compris et surtout, dans sa lutte contre les excès.

La postérité consiste souvent à faire des gens ce qu'ils n'ont pas été.

L'enfant est un chaos qui s'ignore.

Il est plus facile pour les parents de deviner ce que deviendront leurs enfants, que, pour les enfants, d'imaginer ce que leurs parents ont été.

L'esprit est simplificateur, comparable aux enzymes gastriques qui transforment la multitude des nourritures en quelques éléments chimiques... C'est sa façon de digérer le monde !

Une formation harmonieuse de la pensée doit conduire, non point à constater l'existence des choses, mais à subodorer qu'elles puissent exister.

*Eléments

Rien n'est plus têtu qu'un miroir !

Le vent qui souffle réveille nos terreurs parce que son mouvement désordonné et ses accès de colère nous font douter de la stabilité du monde. Il est en quelque sorte un tremblement de l'air.

Près du soleil, on ne voit rien.

Les rides sont des tranchées contre le temps.

Vie / Mort / Temps :

Plus le temps passe, plus on est pessimiste. La vie distille ses désillusions au goutte à goutte.

J'ai parfois cette pensée étrange que c'est justement au moment où l'on comprend quelque chose à la vie qu'il faut la quitter définitivement. Ou bien, en renversant les termes, que l'imminence de la mort donne un sens à la vie.

Rarement, la mort est ponctuelle !

Vivez ! Vivez ! Après, on en reparlera.

Parmi les plus grands mystères de la vie, et sans doute le plus grand, il y a le temps. Si je devais chercher une image pour le représenter j'évoquerais une peau de verre parfaitement étanche et très épaisse. Du passé nous gardons les souvenirs immédiats et lointains, sans qu'il soit possible de revenir un seul instant en arrière ; du futur, l'essentiel du décor est posé sans pour autant savoir de quoi l'avenir sera fait. Ainsi, prisonniers de l'instant, nous errons dans notre aquarium portatif, conscients, et parfaitement impuissants.

Avec le temps, les lendemains chantent... de plus en plus faux.

Il n'est pas difficile de mourir jeune, après il est trop tard.

La vie paraît d'autant plus courte qu'elle est longue.

En même temps que je vieillis, ma vue baisse, ce qui m'empêche de me voir tel que je suis. Comme quoi la vie est bien faite.

La réussite d'une vie résulte d'un savant dosage entre le temps gagné et le temps perdu.

La vie est un jeu dont personne ne connaît précisément les règles.

L'un des dangers de notre temps c'est que les génies abondent.

On ne se trompe guère à prévoir le pire.

Il a été donné aux êtres humains de passer leur vie tels des enfants au bord d'un précipice.

Quand on est jeune, on voudrait tout savoir. Avec l'âge, on finit par prendre un malin plaisir à tout ignorer.

Ils vécurent longtemps, et eurent beaucoup d'implants.

La vieillesse est une implacable leçon de physique.

La période de séduction est, en amour, la plus excitante parce qu'elle est celle du mensonge, pour un temps, librement consenti. Tout est plus beau, mais provisoire. Ainsi le plumage du paon magnifiquement dressé pendant la parade nuptiale, ne devient à l'ordinaire de la vie qu'un appendice disgracieux et gênant.

L'homme s'appuie sur le passé comme un vieillard sur sa canne.

La vie s'écoule beaucoup trop vite, surtout quand on est lent d'esprit.

La perspective de la mort nous pousse à goûter le plus vite possible aux fruits défendus. Immortels, serions-nous plus sages ?

Il est des jours où l'on se sent comme celui qui, cheminant dans un long couloir, perçoit à travers les portes entrouvertes certaines réalités fugitives auxquelles il n'aura jamais accès, soit qu'elles lui seront obstinément refusées comme quelque secret initiatique, soit, au contraire, que lui-même n'osant franchir le seuil, sera cause de sa douloureuse ignorance.

Ce qui est frustrant dans la mort, c'est de ne pouvoir entendre son éloge funèbre.

Tout être humain est condamné à mort, sans circonstances atténuantes.

*Animaux :

Le coq pense que son chant fait lever le soleil.

Le mouton est un animal sur lequel on peut beaucoup compter.

Que je t'émeu ! Que je t'émeu ! A dit l'autruche au casoar...

Les oiseaux très intelligents font : QI, QI...

Celui que l'on traite comme un coq en pâte devient souvent le dindon de la farce.

Connaissez-vous l'histoire du teckel qui voulait devenir caniche à la place du caniche ?

Il faisait si froid que les poules pondaient des œufs en neige !

La plupart des serpents mènent une vie pépère.

Les chiens sont très attachés à leurs maîtres.

L'éléphant trompe, le chameau bosse !

*Géo :

La Dordogne : nettement au-dessus du Lot.

Les Italiens sont des gens très intelligents qui mangent les pâtes à moitié cuites.

La capacité crânienne des Irlandais est d'environ trois pintes.

Les frontières sont l'épiderme des nations. Mais les dermatologues sont rares.

Dans le Rouergue, on consomme beaucoup d'aligot-éléments.

En Angleterre, les rois fainéants s'appelaient les Tudor.

La période des soldes entraîne, en Amazonie, de nombreuses réductions de têtes.

Quelquefois, dans le Cantal, ou alors dans la Brie, il arrive que se lèvent des brouillards à couper au couteau à fromage.

On dit que les Basques adorent se faire peloter.

Drame à l'italienne : ils s'aimaient avec passion mais ne pouvaient se mettre d'accord sur le volume de la musique, la température du salon, et surtout le temps de cuisson des pâtes. Il retourna chez sa mère !

Algériens, Marocains, des voisins de palmiers.

Arrivés à Lascaux, nous demandâmes la direction des grottes à l'orifice du Tourisme.

La Bible raconte l'histoire des Hébreux, et même de drôles de Z'Hébreux !

La terre étant ronde, ceux qui se situent à gauche de la gauche se retrouve un jour à droite de la droite.

L'Esprit français peut se résumer dans ces deux formules : Liberté - Egalité – Fraternité ; Entrée - Plat - Dessert.

Et les Hébreux se lamentèrent en trouvant la mer morte.

Les Indiennes marchent en file, les Corinthiennes en colonnes.

Les Brésiliens ont le sens des cafés inné.

*Litté :

L'aphorisme, ce champagne de la littérature !

L'humour consiste à rester drôle, comme un naufragé reste à la surface des flots.

La poésie, c'est passer la réalité au papier de rêve.

Le satiriste peut avoir en commun avec le satyre d'être dur de la feuille.

Ecrire, c'est réduire.

La poésie, comme la danse ou la musique, souffre mal la médiocrité, tandis que la romance évoque une créature frivole à qui quelques imperfections confèrent plus d'attrait.

Les grands mots sont les habits trop larges du langage.

La métaphore est un mensonge consenti.

Un récit se construit sur sa résistance à aller à son terme.

Il n'existe pas de grammaire à l'usage des mauvais écrivains.

Le comédien est souvent obligé d'interpréter des scènes que jamais, lui-même, n'aurait osé écrire, et que l'auteur n'aurait jamais joué.

Il y a autour de ce que nous nommons la signification des choses de vastes espaces inexplorés et dangereux. Car les mots sont comme les pierres posées en travers du torrent. Et lorsque la raison avance sur ces marches glissantes, dans les roseaux les grenouilles coassent.

L'imaginaire, c'est le possible avant d'être inventé.

La perfection n'est pas une denrée rare. Elle est présente autour de soi dans une multitude de manifestations, parfois banales. La prétendre inaccessible est une excuse facile à la médiocrité.

Le poète est un alchimiste qui transforme les mots en or.

Allez, arrête ton char, René !

Religion :

Dans la liturgie chrétienne, la crucifixion constitue le clou du spectacle.

Le philosophe qui a la foi est comme un ermite qui habite un château.

La foi ne garantit aucun retour sur investissement.

La foi est l'ivresse de l'âme.

Mieux vaut être au cœur de l'enfer qu'au seuil du paradis.

On voit bien que Dieu n'a ni faim, ni soif.

Politique :

Seul le riche qui donne aux pauvres ira au paradis fiscal.

Pour aider les pauvres, il faut d'abord les empêcher de devenir riches.

Dangereux, ceux qui avancent la vérité entre les dents.

Les grandes causes produisent souvent de mauvais effets.

Les tyrans commencent toujours par nous vouloir du bien.

On a tendance à préférer les choses bien dites aux choses bien faites.

La crise met le moral en berne, et les comptes en Suisse.

La plupart du temps, celui que l'on nomme martyr est le dindon d'une farce macabre, qui meurt en souffrant beaucoup, au profit de causes douteuses procurant à des personnages cyniques pouvoir et confort.

Le pouvoir permet d'accomplir des actions interdites au commun des mortels.

La tolérance, c'est accepter d'être haï.

Le pouvoir est sensé nous défendre, alors que c'est parfois de la légitime défense de lutter contre le pouvoir.

Triste destin de ceux qui, non contents de courber la tête sous les calamités de la nature, doivent aussi subir la tyrannie de leurs semblables.

Une société où ne subsisterait aucune corruption serait juste mais invivable.

La souffrance des Grands rassure inutilement les petits.

Les sots détestent les preuves.

Certains pensent que le plus grand danger pour la démocratie serait de donner le pouvoir au peuple.

Les grandes idées se passent de visages.

Attention ! Un tartuffe peut en cacher un autre.

On prend souvent pour de grands personnages ceux qui savent donner de la hauteur aux actions vulgaires.

On grandit prisonnier de deux intolérances : la tradition et l'air du temps.

L'une des plus perverses malhonnêtetés de l'esprit consiste à prétendre que, si l'on ne peut démontrer qu'une idée est fausse, il en découle qu'elle est juste.

Il n'est point aujourd'hui de penseur qui ne cultive son jardin. C'est fou ce que le moindre légume contient de philosophie !

Beaucoup de nos semblables passent leur temps à cultiver leurs différences sans se rendre compte que le mépris de l'uniformité est avant tout celui d'eux-mêmes.

Nous naissons coupés en morceaux, traversés des multiples frontières de la géographie, de la politique, de la famille et de l'amour, avec constamment, au fond de nous, le désir d'infini.

C'est un talent merveilleux du politique que de pouvoir répondre à des questions que l'on n'a pas posées.

Il a été donné aux êtres humains de passer leur vie tels des enfants au bord d'une falaise.

Il y a tellement de génies méconnus, que d'aucuns croient être des génies parce qu'ils sont méconnus.

Divers :

L'eau était si calcaire qu'il est mort, lapidé, en prenant sa douche.

La piscine contenait tellement de chlore que des baigneurs devinrent albinos.

A cause de ses mains baladeuses, il fit l'objet d'une main courante.

Et il finit par s'enrhumer en traversant l'éther nu.

L'excès de matière grasse conduit un jour ou l'autre à l'extrême onction.

Trop de recul précède la chute.

On pourrait dire, avec beaucoup de précaution, de le Nôtre, qu'il est un Bernin de jardin.

Depuis qu'il est au chômage, avez-vous remarqué le vocabulaire que Paul emploie ?

Pollution : la vérité sort de la bouche des égouts.

On n'est jamais si bien servi que par sa mère.

La perfection est un enfer de luxe.

Le hasard, c'est le destin qui prend la porte de service.

Le pire est le meilleur du mal !

Méfions-nous de la prudence !

Ayant toujours mieux à faire, il ne fit jamais rien.

L'usage abusif de matière grise conduit à passer des nuits blanches.

Je fume donc je suie.

Il était né d'un matelot, de qui il était l'unique souvenir laissé à sa mère.

La beauté nuit aux âmes pures.

La mécanique du monde est fondée sur la répétition et la différence. La nature se reproduisant sans cesse, presque à l'identique, a progressivement donné toutes les formes de la matière.

Le froid est le plus grand couturier du monde.

On construit de grandes vérités en mettant bout à bout des mensonges.

Les petites victoires précèdent les grandes défaites.

Vaccination : eh, bien, que le tubercule ose !

III

Les Sentences bien senties de Maître Lā Phüong

Le disciple : Maître, le philosophe dit qu'il vaut mieux avoir une tête bien faite qu'une tête bien pleine.

Maître La Phuong : Et moi je dis qu'il vaut mieux avoir une tête bien pleine qu'une tête au carré.

Le disciple : Mon maître, qui est ceinture noire troisième dan, dit qu'il faut toujours attaquer l'ennemi de face.

Maître La Phuong : Et moi je dis qu'il faut toujours attaquer de dos celui qui porte une ceinture noire troisième dan !

Le disciple : Maître, Jésus Christ a dit : « laissez venir à moi les petits enfants ! »

Maître La Phuong : Et moi je dis : « laissez venir à moi les mamans des petits enfants ! »

Le disciple : Maître, le sage a dit : « Qui dort dîne ! »

Maître La Phuong : Et moi je dis : « Qui chie a déjà dîné ! »

Le disciple : Maître, Jésus a dit : « Il faut rendre à César ce qui est à César. »

Maître La Phuong : Et moi je dis : « Mais oui ! Est-ce qu'il accepte les cartes de crédit ? »

Le disciple : Maître, le moine a dit : « *qui sème le vent récolte la tempête* ».

Maître La Phuong : Et moi je dis : « Qui sème des vents, pète tout simplement. »

Le disciple : Maître, un cavalier a dit : « *Qui veut voyager loin ménage sa monture.* »

Maître La Phuong : Et moi je dis : « Qui veut voyager loin, n'a qu'à prendre le train ! »

Le disciple : Maître, le percepteur a dit qu'il faut remplir votre feuille d'impôts

Maître La Phuong : Et moi je dis : « parle plus fort, je suis dur de la feuille... »

Le disciple : Maître, le sage a dit qu'il ne faut pas mettre la charrue avant les buffles !

Maître La Phuong : Et moi je dis : « libre, celui qui laboure à l'envers. »

Le disciple : Maître, un proverbe dit : « on n'est jamais si bien servi que par soi-même ! »

Maître La Phuong : Et moi je dis : « Petit insolent ! Va donc me chercher une bière ! »

*

IV

QUELQUES DEFINITIONS

Mensonge : il sort du panier à salade.

Réfrigérateur : armoire à glace

Cadeau : il résulte d'un acte gratuit.

Gifle : tarte aux paumes.

Infirmier : plaie-boy

Migraine : peine capitale

Aspirateur : balai contemporain

Illettré : il fuit la police.

Forcené : fondu enchaîné.

Main : figure comportant cinq segments d'inégales longueurs et le même nombre d'ongles aigus.

Bordel : mot de passe.

Lapsus : révolution de palais.

Prostate : elle rend le nœud coulant.

Arbalète : sorte d'arc prétentieux qui est loin d'avoir inventé la poudre.

Pied : celui par qui la sandale arrive.

Comète : danseuse étoile.

Aphorisme : Fast-food littéraire.

Cuillère : ustensile un peu louche.

Coca Cola : Très loin du soda inconnu.

Alligator : contrairement au crocodile il ne donne pas sa chemise dès qu'on l'accoste.

Cheveu : forcément coupable.

Traître : homme donneur.

Cuisinière : femme à poêle.

Sanglots : larmes absolues.

Harem : cage à poules (Pour chauds lapins !)

Autopsie : coupe feu.

Engrais : pousse pousses.

Concierge : Il trouve naturel qu'on le mette à la porte.

Equateur : milieu de terrain.

La Havane : les derniers communistes s'y garent.

Dentiste : joueur de bridge.

Danse : transe lucide.

Masochiste : il cherche ses maux.

Œuf : poule prématurée.

Radiographie : film X.

Naufragé : loque à terre.

Rhume : il rend les gens capables de toux.

Matou : chat teigne.

Hollandais : homme de netherlandertal.

Beethoven : il met la Prusse à l'oreille.

Islamiste : il ne sait plus où il wahhabite.

Couture : travail de sape.

Mendiant : homme de la manche ;

Voyeur : il a bien les yeux en face des trous.

Morpion : il ne cesse de passer d'une chose à l'autre.

Dracula : l'homme de crocs mignons.

Agonie : ce sont les derniers maux.

BHL : homme de (trois) lettres.

Iconoclastes : ils ont conduit les marchands de crayons à faire grise mine.

Savant : tête chercheuse.

Portraitiste : il fait beaucoup la tête !

Intestin : usine à gaz.

Pince à linge : modeste instrument à corde.

Fragments et bribes

Cobra : sa morsure entraîne une mort sûre.

Soldes : encore un coup de la bande à brader.

*

Fragments et bribes

V

Vers divers

Nuit sur le Mékong

Le soir tombe
La barque descend
Lentement le fleuve

L'eau rend un peu
De fraîcheur à la terre
L'occident rougit

Près du temple
Un héron fouille la vase de ses pattes
Le buffle dort

L'eau prend
Une couleur d'opium
Le serpent bâille, la grenouille crie

Les berges
Se couvrent de brume
Pour accueillir la nuit

Vers le sud l'horizon vrombit
Des avions passent
Dans les rizières les bombes éclatent

La terre est noire
Sur vos corps meurtris
Qui pense encore à vous

Enfants du Vietnam ?

Songe Kafarkaïen

Mon ami le cafard est un sacré noceur,
Il sort toutes les nuits
Et va dans la cuisine
Il mange les biscuits
Pourlèche la farine
Boit du vin
Puis danse sur le mur
Etalant ses antennes
Et chante de bon cœur :
« Ah quel capharnaüm !
Ah quel capharnaüm ! »

* * *

Querelle idéologique

Casse-toi !
Dit une enclume à un marteau.
Que je me barre ! Des clous !
Bon, il faut que je file, dit la faucille…

* * *

Fragments et bribes

Lucie

Lucie bailla, bailla,
A s'en décrocher la mâchoire
Qui tomba
Dans un ravin très profond.
Et l'on chercha,
Chercha,
Longtemps, très longtemps,
Presque trois millions d'années,
Avant de la retrouver.

*

Concupiscence

Il faut donner aux mots d'amour
Le poli des statues antiques
Et cacher sous un beau discours
Nos pensées les moins platoniques !

Ainsi, quand l'amoureux récite
A sa bien aimée des quatrains,
Nul n'ignore que l'hypocrite
A de moins lyriques desseins.

Et lorsque encore le galant
Déclame aux pieds de sa maîtresse
Des sonnets en un noble élan,
Ses vrais désirs il ne confesse ;

Car personne au fond ne le nie,
Plus de beaux discours on débite,
Plus on sait qu'en catimini
Un flot de verdeur nous habite.

*

Fragments et bribes

Sonnet à G.

Un jour où, carrément, c'était pas la richesse,
J'me dis en gambergeant : - Ce s'rait plutôt bonnard
D'offrir pour une fois, même si ça fait ringard,
Au lieu d'un bouquet d'fleurs, des rimes à ma gonzesse.

Pour faire un p'tit sonnet qui s'goupille en souplesse,
Je me casse illico chez mon poteau Ronsard
Qu'avait fait, en son temps, la une des canards,
Mais qu'était maintenant, le pauvre, un peu H.S.

Aussitôt de ses vers il en sort un pacson,
Et puis, de ma nénette, il demande le nom :
« Ghislaine », je réponds, d'une voix convaincue.

Mais le brave vieillard était dur de l'esgourde.
Hélène ! Couine-t-il, en me montrant la lourde,
Vous poétez, jeune homme, plus haut que votre cul !

*

Fragments et bribes

Chansonnette

Entre les rimes je balance,
Et ne sais si je dois choisir
Des vers à la sourde assonance
Ou bien vifs, comme le zéphyr.

Car souvent je pense à la Flandre
Où dans les lourds bourgs de Bruegel,
Des vilains en bure vont vendre
Du fromage et des pots de miel.

A l'Italie j'aspire encore
Quand dans l'air pur les ritournelles
Enlacent leurs joyeux accords
Aux fenêtres des demoiselles.

Mais pour clore ma chansonnette
Je choisis le petit vin blanc
Et les flonflons d'un bal musette
Le soir, du côté de Nogent

*

Fragments et bribes

Pénélope

De toutes c'est vraiment
La plus belle,
Déesse faisant tapisserie ;

Quand ils la voient
Les mortels succombent
Et voudraient entrer dans son lit,
Aussitôt à ses pieds
Ils tombent
Et hardis
Demandent sa main,

De toutes c'est vraiment
La plus belle
Mais son cœur est une citadelle

Et j'épouse sa sœur demain.

Faux prophètes

Perdus au cœur du labyrinthe des passions solitaires, longtemps à patauger dans l'instable certitude de soi, prêts à défendre sauvagement chaque pouce de leur marécage, ils s'esseulent par pure vanité et se croient quittes jusqu'au dernier instant en lançant à la postérité quelque sentence inextricable dont ils emportent fièrement avec eux le faux secret qui leur vaudra de figurer, en lettres minuscules, aux appendices des catalogues, au seul bénéfice du doute.

Premier matin d'Adam

Une brume épaisse
Montait de la terre
Nouvellement créée
Et buvait la clarté du jour
En un matelas de gouttes irisées.
Une créature indistincte,
Se mouvait près de lui.
Adam tendit la main
Et lui toucha le flanc,
Il était mol et chaud.
Alors, il sentit son cœur battre
Et reconnut la Femme.

Fragments et bribes

Peine perdue

*Une page ça attire,
Peut-être parce que c'est blanc;
Comme un tapis de neige
Attire les enfants.
Mais c'est bien compliqué d'écrire,
De savoir ce que l'on veut dire.
- Avec quoi vais-je beurrer cette blanche tartine ?
De confiture ou de confidences?
De vers blancs ?
De vers à soi ?
A quoi ça rime?*

*Une page c'est une plaine
Qu'on peine à rendre pleine,
Un océan
Où l'on jette au hasard
Des mots d'amour,
Des mots d'esprit,
Des mots d'espoir…*

*Une page c'est une terre
Toujours promise,
A l'échec.*

*

Histoire d'eaux

La première année, elle vécu des histoires à l'eau de roses
(Toutes fraîches écloses)

La seconde à l'eau de Javel
(Des lessives et des vaisselles)

Et la troisième à l'eau de vie
(Car il buvait toutes les nuits.)

Et son histoire se termina en eau de boudin...

*

Fragments et bribes

A la Bellifontaine
(Sonnet)

Pour les beaux yeux d'une marquise,
Au château de Fontainebleau,
Un peintre acheva le tableau
D'un bouquet d'une grâce exquise.

Puis, satisfait de l'entreprise,
Il rangea vite son pinceau,
Et, fièrement, dans le château,
S'en alla quérir sa promise.

Mais au retour, quelle surprise !
Sur la toile au soleil soumise,
Que le bouquet semblait pâlot !

Car il avait, lourde méprise,
En un beau vase les fleurs mises,
Mais oublié de peindre l'eau !

*

Aux arbres mitoyens !

Lassé des contours tyranniques
Qu'un Le Nôtre lui a donné,
Un jardin s'est abandonné
A des rêves asymétriques.

- Au diable ces carcans indignes
De nos naturelles rondeurs !
S'écrient avec des airs frondeurs
Les haies de charmes rectilignes.

- J'aimerais tant pousser à l'aise ! »
Ajoute avec mélancolie,
Dans son parterre, une ancolie
Issue de vieille souche anglaise.

Il n'est jusqu'au roide canal,
Qui, las du tracé de sa rive,
Au bout du compte n'en arrive
A haïr l'ordre orthogonal.

Et tous rêvaient d'un monde neuf,
Où la raideur fût inutile,
Car nous étions, année fertile,
En 1789 !

*

Fragments et bribes

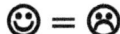

Au cœur du noyau de l'atome,
Ne dis rien !
Comme un chromosome grave le signe de notre espèce,
Mange ta soupe !
Un sceau profond contenant toute vérité,
Attention tes coudes !
Dort géométriquement.
Essuie tes doigts gras !

Esprit des steppes

J'ai rêvé que j'avais

Une barbe de fourmis blanches

Qui du sol neigeux

Montait à mon visage

Et que ma tête était

Comme un tronc dur et creux

Où le zéphyr qui coulait par ma bouche

Balayait en hurlant

Une plaine farouche

Et que de mes pupilles

Où brûlaient des étoiles

De longs regards de feu

Distillant leurs éclats

Zébraient l'univers bleu

Comme un essaim de mouches.

Fragments et bribes

Songe prométhéen

Avez- vous vus ces troupeaux de géants

Marcher les pieds au ciel

Sur le tapis de braise des étoiles

Et leurs cheveux d'argent

Frôler les toits

Et allumer nos rêves ?

*

Fragments et bribes

La mouche de l'éveil

Tout le monde le sait, Albert était un cancre,
Et son plus vif plaisir était de voir marcher
Des mouches qu'il avait, d'abord, trempées dans l'encre,
Sur un bout de papier.

Or, un jour qu'il s'était ardemment adonné,
Comme à son ordinaire, au loisir de ce jeu,
Sous les pas de l'insecte, il put lire, étonné :
$E = MC^2$

Et, dès ce moment-là, enfla sa tête obscure
Où nichaient des calculs toujours plus compliqués.
Et tous se demandaient en regardant l'enflure :
Quelle mouche l'a piqué ?

*

Règlement de compte

Là encore, devant cet éternel vertige d'une page blanche, à remplir de sa pensée, des boulets noirs des mots, comme les mineurs suant, pour que s'éclaire quelque lampe incertaine.
Ineffable malice des muses infernales, ensorceleuses qui se nourrissent de nos cervelles comme de blancs hamburgers ! Duplicité totale et contagieuse ! Prêtresse des mensonges, des vains éclats, dévoreuse aux longues dents qui broient l'écheveau neuronal, à l'aigle pareille tu t'abats des profondeurs du ciel et fonds, joyeuse, pour t'abreuver de naïfs délires, d'ersatz, d'obscure chimie, d'inavouables silences de l'impuissance réfutée.
Pourtant, un jour viendra, où, privée de proies faciles, tu iras, erratiquement, maigre et hâve, quasi ridiculement quérir sur des visages devenus cendre, un vouloir disparu.
Alors, tu remueras plus fort ta croupe indécente, tes bras blancs, ton ventre mol, les clochettes d'argent accrochées sous ta langue.
Seul l'écho prolongé d'une mastication géante, à ton cri répondra !

*

Carambolage logorrhéique

Les mots s'entrechoquaient
Sur les aspérités de la grammaire.
Accablés de confusion modale,
Les verbes en perdaient leurs terminaisons,
Et les désinences s'embourbaient
Dans des ornières syntaxiques inextricables.
L'effort des accords à s'organiser
Donnait aux féminins des marques insoupçonnées de virilité
Et aux pluriels des formes singulières.
Des morphèmes se morfondant
Adressaient à d'infâmes phonèmes
Des apostrophes cacophoniques.
Au bord d'un paragraphe
Des consonnes étouffant sous l'allitération,
S'écrasaient en jurant sur la ponctuation.
Se conjuguant tout seul au coin d'un paragraphe
Un subjonctif songeur pleurait sur l'orthographe.
On voyait l'e muet cacher d'un air perplexe
Son mutisme défait sous l'accent circonflexe.
Tandis qu'au loin,
Au milieu d'un quatrain,
Des vers échevelés qui cherchaient une rime,
Retombaient dans la prose,
En faisant triste mine !

*

Bain Amer

C'est l'ennui sans fin
De la plage de sable trop fin
Où le soleil cogneur
S'enfonce comme un coin
Dans la peau tendre des baigneurs
Luisant de douteuses essences,
Pendant que l'océan
Avec obstination
Tente en vain d'engloutir
De ses multiples langues
L'ocre pulvérulent
Sous l'azur de son ventre.

*

Derniers instants

Puis vient le jour sans au-revoir ;
Des pas feutrés dans le couloir,
Entrebâillement contenu des portes,

On te serre plus fort la main,
On t'effleure la joue
avec des battements de cils ;
On étouffe des larmes,
On te jette des regards de traverses
Qui glissent, apeurés,
vers les bouquets de fleurs ;
Les silences s'en vont et viennent pesamment ;
L'ombre des grands rideaux
A la moiteur des forêts tropicales
Et la senteur du camphre ;
Tu vois, dans un brouillard,
La main qu'on approche de toi
Pour te fermer les yeux ;
Et tu t'étonnes,
Une dernière fois,
De n'avoir pu percer le mystère du monde.

Marée basse

En Armor, près des mégalithes,
Parfois, la nuit, le promeneur
Croit voir des ombres insolites
Glisser sur la bruyère en fleur.

D'abord tremblantes et timides
Elles tournent avec lenteur,
Mais bientôt d'humeurs moins languides,
Elles se mettent en fureur !

Un spectre hurle et se dandine,
Indécent et provocateur ;
Mais que fait Viviane coquine
Aux pieds de Merlin l'enchanteur ?

Oublie la ronde fantastique,
Et rentre vite, maraudeur,
Même le flot de l'Atlantique
S'est retiré avec pudeur !

*

Chute Molle

Par inadvertance, je suis passé à travers l'écorce de mes pensées.
Dans les flots roses du désir, nageur se plaisant à gésir sur les douces langueurs de l'onde, j'ai caressé des isthmes longs, et visité des mers fécondes.
Et dans ce voyage profond, où je perds pied, où je m'égare, les récifs mous d'absurdes songes m'aspirent, tels des éponges.

*

Mare Nostrum

Jusqu'à l'horizon
Ton azur
Règne sans partage.
Le ciel, seul,
Est ton rival.
Tes profondeurs obscures
Sont le séjour des dieux.
Tes rives s'alourdissent
Du poids des civilisations.
De hautes colonnes, les temples
Ont borné tes frontières,
Et les aèdes
Plongent leur plume
Dans l'encrier de tes falaises.
Ton dos se strie
Du fouet des galères.
Et ton écume mousse
Au chant de l'aquilon.

*

Fragments et bribes

Un doigt de Spleen

Au fond de greniers sentant la poussière et le moisi, dans des coffres de bois à demi défoncés, sur des papiers rancis qui jaunissent et s'effritent, combien de souvenirs, de folles amours, de féroces passions, peu à peu se gangrènent, s'écornent, et disparaissent dans la bouche des rats ?

*

Nuit d'encre

Nuit d'encre,
Sans fond,
Pleine de songes informés,
Le sommeil
Est comme un marécage
Peuplé de spectres :
Générations disparues
Qui dérivent interminablement,
Ancêtres incertains
Aux traits toujours plus flous,
Entassés
Comme des poupées russes
Dans les replis du temps,
Boîtes noires
Qui ne libèrent plus
Qu'un silence de plomb.
Je cris
Et nage de toutes mes forces
Vers une improbable surface qu'on appelle
L'oubli.

De profundis

Je suis revenu de Cythère
En rêvant d'un bol de café,
De la douceur de ma chaumière
Et de feu dans la cheminée.

Las des vedettes en partances
Vers des horizons pleins d'écueils,
Je veux oublier mes errances
Et retrouver mon vieux fauteuil.

Foin des flammes où l'on s'essouffle,
Des Aphrodite, des Vénus,
Je veux rechausser mes pantoufles
Et soigner mes morpionibus !

*

Adieu à une indifférente

Je te quitterai !
Je te quitterai, comme on quitte une femme qu'on aime encore.
Toi qui ne m'as rien cédé,
Rien appris,
Rien donné,
Ni ton corps,
Ni ton âme.
Parce que jamais tu ne m'as rien promis,
Je quitterai ta sécheresse et la froideur de tes regards.
Et, loin, contre mon cœur,
J'emporterai l'image de ce que tu n'es pas.

*

Orage d'acier

La route est droite
J'ai tout perdu
Jusqu'au souvenir
De celui que je fus.
Ne persiste en moi
Que la sensation d'être là.
Ce que j'ai oublié
Est comme le poids
Du viatique que je n'ai pas.
Il y a un peu de goudron
Dans l'herbe
Et l'air sent l'essence.
Au loin se consument
Les derniers faubourgs de la ville.

*

Un monde de misère
(*Confession d'une plante verte*)

Dans la rectitude absolue
Des claustras et des chromes,
Près des plastiques coulissants
Et l'implacable échiquier
De linoléum,
Je crois à la lueur crue du néon.
Généreuse,
Pour offrir une touche tendre,
A ceux qui passent sans me voir,
Avec modestie
Je lutte,
Par l'harmonie de mes volutes
Contre l'aride Symétrie.
Et, dans mon âme qui soupire,
L'amer souvenir
Des hautes forêts me hante.

* * *

A mots ouverts

J'aimerais bien trouver ces mots,
Ces bons mots,
A dire à tort ou à travers,
En été, en hiver,
Et en toutes saisons.
Mots utiles
A la campagne comme à la ville,
A la prose comme à la rime,
Et qui ne font pas de façons ;
Ces petits mots de rien du tout !
Pas bégueules pour deux sous,
Et qui pourtant disent beaucoup ;
Mots modestes et non maudits,
A qui souvent l'on se confie,
Ces mots jolis, ces mots mignons,
Mais parfois un peu polissons ;
Mots économes et malins
Qui ne mangent pas trop de pain
Et qui ne boivent pas trop d'encre.
Mots généreux et fraternels
Qui nous parlent à cœur ouvert
D'un inventaire universel…
De bons gros mots à la Prévert !

*

Limbes

L'oubli a calfeutré mon âme et le sommeil colmaté ma douleur. Où suis-je ? Dans ce néant provisoire j'erre, plus léger qu'un ange. Ce n'est pourtant ni le repos qui fait suite à la peine, ni la lourde chape de l'ivresse, ni l'aiguille aiguë de Morphée qui me guide et me berce. Où est le fil ténu de ma conscience ? Rien qui ne brode le présent dans ce monde sans envie, sans besoin, sans passion. Est-ce un rêve ? Oh non ! Car le rêve continue la vie en une matière translucide, et laisse, au réveil, un dépôt de mémoire, comme la mousse au fond d'un verre. Or, je ne garderai d'autres preuves de votre essence, ô limbes, que la certitude de mon réveil.

*

Laïka

On l'avait appelée Laïka
Comme cette petite chienne russe
Envoyée dans l'espace
En 1957
Parce qu'on était un peu communiste
Dans la famille
Laïka était rousse
Gentille
Et naturellement
Un peu dans la lune
Chez nous
Elle vécut paisiblement
Pendant presque dix ans
Devint extrêmement gourmande
Et mourut en 1966
D'une indigestion.
Parfois je pense à elle
Quand je regarde les étoiles...

*

Eloge de la philosophie

Oh, combien n'ai-je pas perdu
De temps à user ma culotte
Et même la peau de mon cul
A cause du vieil Aristote !

A ma Clopinette

Je voudrais bien,
Ô mon amie fidèle
Mais perfide,
Te laisser enlacer
De tes volutes
D'azur instable
D'autres amants.

*

Fiancée du soir

Sa peau est froide comme neige
Et son souffle glacé !
Son corps de flocons acérés brûle contre le mien.
Ses cheveux noirs ont la raideur plastique des serpents
Et m'enlacent d'hypnotiques ténèbres.
Le regard brille d'un feu éteint
Qui me pénètre avec la fixité des cendres.
Ses os percent des chairs qui meurent
En s'écartant comme des continents ;
Et la voix, stridulante, s'écrie :

Tu m'appartiens, Chéri !

*

Fragments et bribes

L'oiseau tombé du nid

Ce matin sur la terrasse
Un oisillon tombé du nid !
Petit martinet
Gras et chaud,
Tes plumes en devenir
Laisse voir ta peau tendre.
Chute sans espoir !
La faim, la soif, la chaleur terrible,
Et les fourmis qui guettent
Sont ton destin.
Pourtant tu luttes
Avec acharnement
De tout ton pauvre corps.
Peine perdue !
Ta tête trop lourde,
Toujours, retombe vers le sol.
Ton bec immense
Menace dérisoirement
La main que j'approche de toi.
Celui qui croirait t'aider
En abrégeant
Tes souffrances
Te priverait
Des derniers instants
De ta vie amère.
Alors je t'abandonne,
Oiseau tombé du nid,
Tandis que,
Dans le ciel,
Les tiens fendent l'azur
Avec des cris d'enfants.

Fragments et bribes

Gansteropode

En un jardin, après la pluie,
Une laitue
Devisait avec une romaine.
Un petit gris,
Qui passait par là,
Bien coquillé et bien cornu,
Vit les belles salades charnues,
Et dit, en pointant ses antennes :
- Que voici de belles demoiselles,
Toutes parées de séduisants atours !
- Savez-vous que depuis toujours,
Je vous aime,
Mais, par délicatesse,
Sans cesse,
Je l'ai tu ?
Laissez-moi en cet instant même
Vous donner un baiser d'amour !

Que nenni ! répondirent-elles,
Nous avons bon cœur,
Mais quand même !

VI

Haïkus (d'essai)

Matin d'hiver, ville lavée,
La pluie a fait du neuf,
Avec du vieux.

Cette nuit,
Le vent a volé
Toutes les feuilles du platane.

Il ne reste
Du tigre qui passe
Que de l'herbe couchée.

Sur l'étang, un canard,
Au-dessus du canard, la lune,
Sur la lune, Tintin !

Un escargot
Jamais n'habitera
Une coque de noix !

La vague,
Plus têtue que la pierre
Agrandit l'horizon.

Dans l'atelier
L'argile attend
La main qui la réveille.

Fragments et bribes

Jamais sans son chapeau,
Le champignon
Ne sort

La première goutte de pluie
Atteint l'oiseau
Comme un trait d'arbalète.

Dans le champ de blé
Le gourmand ne voit
Que croissants qui poussent.

Par milliers,
La tempête a semé
Des coquillages sur la plage.

La nuit,
Le dormeur
Fait provision de rêves.

Un poème
Est un bijou
Fait avec des mots

On ne demande
Jamais à l'eau
Vers où elle coule.

De ses pattes de devant
La mouche fait
Des essuie-glaces

Une poule qui couvait
Un œuf de tortue

Fragments et bribes

Bientôt crut avoir la berlue

Soir d'été
Le jour s'éteint
Et le ciel est tout enfariné

Un peintre a été condamné
Parce qu'il avait croqué
Un gamin haut comme trois pommes

Le fou-rire
Est un vent
Qui souffle entre les dents

Dans le sous-bois
Un lapin a renversé
Son sac de billes

L'ombre du soir
S'étire comme un chewing-gum
Collé sous les souliers

Les traces du Renard.
Ne conduisent jamais
Au repaire du Loup

Le givre
Habille la forêt
D'une armure de verre

Au couchant,
Les couleurs font
Leur dernière ronde

Fragments et bribes

Sur le demi-pont d'Avignon
On y danse
En demi-cercle

En peu de mots
Le sage énonce
De grandes vérités

               *